KB136780

사랑은 세상을 하나로 조직하고 통합해서
하나의 우주로 만드는 원칙입니다.

목표가 없고 서두르지 않을 때

모든 감각은 온 세상을 받아들이기 위해 활짝 열립니다.

대개 우리는 뭔가를 보기보다는 못 보고 지나치며 살아갑니다.

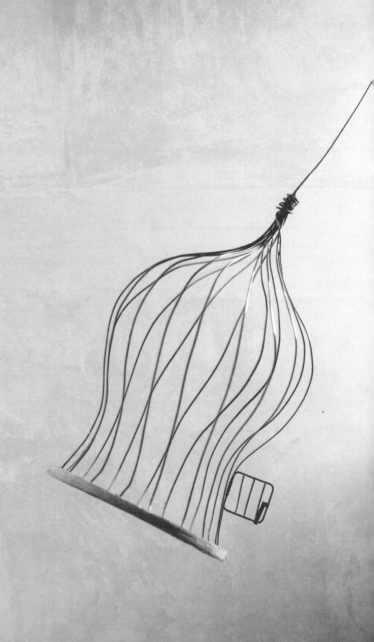

가치 있는 일은 위험을 감수해야 이룰 수 있는 법이에요.

거울이 항상 무언가를 비추듯이,
마음도 무언가에 관심을 가지거나 몰두해야 해요.

끊임없이 저편을 바라본다는 것은

지금 여기를 보지 못하고 있다는 것이죠.

더 나은 삶을 사는 것에 지나치게 몰두한다면,

정작 그 삶을 살아야 한다는 사실을 잊어버릴지도 몰라요.

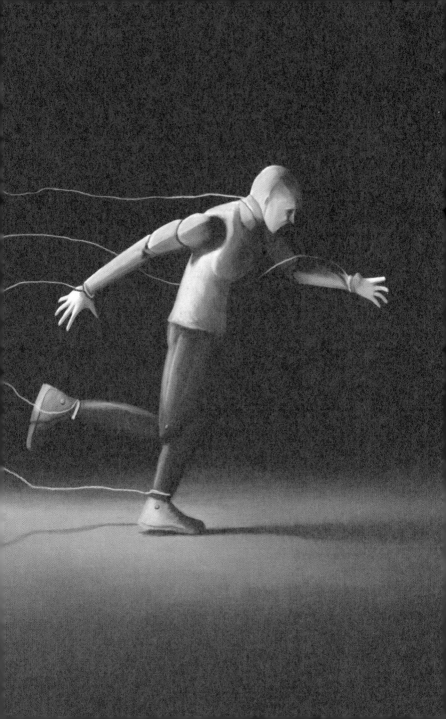

절대 즐기지 못할 미래를 위한 계획을 세워봐야 무슨 소용이 있을까요.

어떻게 사랑할지는 문제가 되지 않습니다.
우리는 사랑하고, 우리는 사랑이기에.

오직 이 순간만 있을 뿐

현재를 즐기길 바라는 마음으로 이 책을 전합니다.

_____ 님께

오직
이 순간만
있을 뿐

하루 10분 앨런 와츠의 일상 명상

앨런 와츠 지음 · 박산호 옮김

드림셀러

이 책을 읽는 독자에게

수십 년 동안 간결하지만 함축적이고 복잡하지만 다가가기 쉬운 앨런 와츠의 문장들은 바쁜 세상에서 매일 위로와 위안이 필요한 독자들에게 영감을 주었습니다. 이 책은 미국의 사상가이자 철학가로서 시대를 초월해 여전히 전 세계인들로부터 사랑받고 있는 그의 명문장들을 모았습니다. 그의 수많은 문장들은 잠시 속도를 늦추고 우리의 삶을 구성하는 경험, 놀라움, 그리고 일상적인 순간들을 즐겨야 한다는 깨달음을 전합니다. 서두르는 삶은 진정으로 사는 삶이 아니기 때문입니다. 정신없이 미래를 위해서 달리기보다 오롯이 현재에 집중하는 순간, 당신의 인생이 얼마나 풍요롭고 행복해질 수 있는지 알려주고자 합니다.

간결하지만 촌철살인처럼 핵심적인 깨달음과 감동을 선사하는 앨런 와츠의 문장들은 고뇌와 불안으로 피폐해진 마음에 위로와 위안을 선사할 것입니다. 또한 새로운 길을 찾고 싶을 때, 길을 잃고 혼란스러울 때, 자신의 내면 및 주변 세상과

접촉하고 싶을 때 힘이 되어줄 것입니다.

이 책에서 선사할 113개의 문장들은 무엇보다 그의 빛나는 이력을 잘 드러내는 작품에서 발췌한 강력하고 명상적인 표현들입니다. 소리 내어 읽으면서 그 의미를 곱씹고 또 곱씹어 보는 것도 좋습니다.

하지만 더 강한 깨달음과 감동을 위해 하루 10분 필사를 추천합니다. 짧은 글이지만 그 안에는 엄청난 에너지가 담겨 있기 때문입니다. 비록 10분의 시간일지라도 필사는 당신에게 미처 생각하지 못했던, 더 깊이 있는 의미를 전해줄 것입니다. 그러고는 나만의 의미와 해석을 적어보세요. 어느새 불안했던 당신의 마음은 조금씩 차분해질 것입니다. 그리고 일어나지도 않을 미래를 고민하고, 바뀌지도 않을 과거에 얼마나 집착하고 있었는지를 깨닫게 될 것입니다.

우리에겐 오로지 '지금, 이 순간'만 있을 뿐입니다. 가장 중요한 때는 바로 '지금'입니다!

day 01

마음에도 없으면서 사랑하는 척하지 마세요.

사랑은 마음대로 휘두를 수 있는 게 아니에요.

day 02

위험을 감당하지 않으면 자유도 없습니다.

day 03

변화를 이해하려면 변화 속에 풍덩 뛰어들어,

변화와 함께 움직이면서 춤을 추는 수밖에 없어요.

우리 하나하나는 우주의 모든 에너지가

스스로 인식하는 카메라의 조리개와 같아요.

교향곡을 연주하면서 그것을 개선해야 한다거나,

연주하는 목적 자체를 피날레에 도달하기 위해서라고

생각하는 사람은 아무도 없어요.

음악의 의미는 그것을 연주하고 듣는 모든 순간에 발견되죠.

나는 우리의 삶도 그러하다고 느낍니다.

더 나은 삶을 사는 데에만 지나치게 몰두한다면,

정작 그 삶을 살아야 한다는 사실을 잊어버릴지도 몰라요.

우리가 잊고 있는 사실이 있어요.

생각과 말은 관습에 지나지 않으며,

그 관습을 너무 심각하게 받아들였다가는

돌이킬 수 없는 일이 일어난다는 점을요.

관습이란 예를 들어 돈처럼

사회적인 편의를 위해 만들어졌을 뿐…….

돈을 너무 심각하게 받아들인 나머지

진정한 부와 헷갈리는 것은 어리석은 일입니다.

현재를 충실하게 살 수 없는 한, 미래는 거짓말에 불과해요.

절대 즐기지 못할 미래를 위한 계획을 세워봐야

무슨 소용이 있을까요.

당신이 세운 계획이 무르익고 있을 때도

당신은 여전히 그 너머에 있을 또 다른 미래를 위해

살고 있을 텐데요.

빛을 보려면,

꿈에서 깨어나 눈을 뜨기만 하면 됩니다.

인간이란 유기체에는 자연 생태계와 같은

선천적인 지능이 있으니,

인내심과 존중하는 마음을 가지고

그 신경들과 감각들이 품은 지혜를 지켜보세요.

day 10

어떤 문제가 해결될 수 있다는 것은,

그 문제를 이해하고 무엇을 해야 하는지를

안다는 것과 같아요.

day 11

당신에게 할 말이 하나도 없다면,
아무리 완벽한 언어를 구사한들
별로 도움이 되지 않을 겁니다.

듣기에 대해서만 생각한다면 명확하게 들을 수 없어요.

들으려고 할지 말지를 생각만 하고 있다면 들을 수 없지요.

다만 그러든 말든, 세상 천하에 그 어느 것도

귀가 그 소리를 듣고,

그 소리가 귀에 닿는 걸 막을 수 없답니다.

day 13

신념은 매달리는 것이 아니라
그냥 놓아주는 거예요.

삶이 두렵다는 것은

당신 스스로를 두려워하는 것이에요.

day 15

끈질기게 풀리지 않는 문제라면

질문이 잘못된 것이 아닌지 의심해봐야 해요.

_____

_____

_____

_____

_____

_____

진실하고 긍정적인 것은

글로 묘사하기엔 너무 생생하고 활기가 넘치죠.

마치 붉은 장미에 붉은색 물감을 칠하는 것처럼요.

개인이든 사회든 혼자 힘만으로 일어설 수 없어요.

흔히 혼자서 일어서야 한다고 말하지만요.

육체적인 힘이든, 정신적인 힘이든 혼자서 세상과 자신을

더 나은 방향으로 끌고 나가겠다고 힘을 쓰는 한,

우리가 해낼 수 있는 일에 쓸 힘을 낭비하는 셈입니다.

인간의 본성을 믿는다는 건 그의 좋은 면과 나쁜 면을
다 받아들이는 것이에요.
자신의 약점을 인정하지 않는 사람을 믿기란 쉽지 않죠.

관념은 현실보다 훨씬 이해하기 쉽고,

상징은 사실보다 훨씬 안정적이어서,

우리는 자신과 자신에 관한 생각을

동일시하는 법을 익히게 됩니다.

_____

_____

_____

_____

_____

_____

_____

"내가" 영원할 수 없는 삶이 의미가 없다고 느끼는 것은

티끌과 지독한 사랑에 빠지는 것과 같아요.

day 21

안전을 바라는 마음과 불안을 느끼는 마음은 하나예요.

숨을 참는 것은 숨을 잃는 것과 같아요.

day 22

우리가 춤을 추는 것은

바닥의 한 지점에 도달하기 위해서가 아니라

그냥 (즐기기 위해서) 추는 거랍니다.

day 23

무엇을 하느냐보다 어떻게 하느냐가 중요하고,

내용이 아니라 어떤 방식이냐가 중요해요.

_____

_____

_____

_____

_____

_____

_____

흙탕물은 가만히 놔둬야

맑아지는 법입니다.

내가 죽으면 무슨 일이 일어날지 걱정하는 것은

결국 내가 손을 쫙 폈을 때 주먹에 어떤 일이 일어나는지,

내가 일어설 때 무릎은 어디로 향하는지

물어보는 것과 같아요.

역설적으로 보일지 모르지만,

목적이 있는 삶은 실체도 없고, 의미도 없어요.

그런 삶은 서둘러 앞으로 나아가기만 하면서

모든 것을 놓쳐버리죠.

하지만 서두르지 않고, 목적이 없는 삶은

아무것도 놓치지 않아요.

목표가 없고 서두르지도 않을 때

모든 감각이 온 세상을 받아들이기 위해 활짝 열리니까요.

day 27

우리는 인간이 하는 다양한 생각의 범주에 따라

전 우주가 질서 있게 자리 잡고 있다는 망상에 시달리면서,

그것에 있는 힘껏 매달리지 않으면

모든 것이 혼란 속으로 사라질 거라며 두려워합니다.

찰나란 시간을 움켜쥐려고 안간힘을 쓰는 사람에게만

울적하게 느껴집니다.

거슬러 헤엄치려고 하는 것만큼이나

쓸데없고 울화가 치미는 짓은 없어요.

day 30

살다 보면 달걀을 삶는 것처럼

생각도 멈춰야 할 때가 있어요.

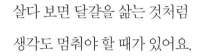

_____

_____

_____

_____

_____

_____

_____

객관적인 지식의 가장 큰 장애물은

너무나 주관적인 바로 나 자신입니다.

day 32

진정한 종교는

근심을 웃음으로 바꿔줍니다.

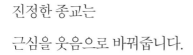

day 33

우주가 의미 없다면, 그렇다는 말도 의미가 없죠.

이 세상이 사악한 함정이라면,

그렇다고 비난하는 사람도 마찬가지여서

똥 묻은 개가 겨 묻은 개 보고 나무라는 것과 다를 바 없어요.

크나큰 힘은 근심스럽고, 절대적인 힘은 지루해요.

그래서 신조차 그 크고 절대적인 힘을 포기하고,

인간이자 물고기이며 벌레이고 식물인 척하는 겁니다.

인간이 하는 대부분의 행동은 변하기 때문에

매력적인 경험과 즐거움을 영원히 지속시키려는

목적으로 설계되어 있어요.

음악이 즐거움을 주는 이유는 음악의 리듬과 흐름 때문이에요.

하지만 당신이 그 흐름을 막고 음이나 화음 하나를

잡아 늘인다면, 리듬은 깨지고 말 것입니다.

거울이 항상 무언가를 비추듯이,

마음도 무언가에 관심을 가지거나 몰두해야 해요.

거울이 스스로를 비추듯,

마음이 자신에게 관심을 가지려 하지 않을 때면

마음이 타인과 세상에 관심을 가지거나

몰두하도록 해야 해요.

day 37

당신이 더는 세상과 당신이 거기서 하는 행동을
구분하지 않을 때,
진실로 독립적인 존재가 되어
진정한 책임감을 느끼게 됩니다.

day 38

자기중심주의란 물에 의지하지 않고

수영하거나 자신의 다리로만 계속 물에 둥둥 뜨려고

애쓰는 것과 같아요.

그러다 온몸이 굳어져 돌처럼 가라앉게 되죠.

나는 특히 최근 몇 년 동안 우주와

그 생명의 중심이라고 내가 믿고 있는 것의 속을

아주 깊숙이 들여다보는 특권을 가지게 되었어요.

거기에 두려워할 건 하나도 없었어요.

그곳의 끝, 그곳의 바닥에는 공허가 아니라

그 누구도 상상하지 못할 크나큰 사랑만 있었어요.

우리는 단 한 번도……

있는 그대로의 우리가 되기를,

우리 삶의 모든 이익과 손해, 옳고 그름이

산맥의 봉우리와 골짜기처럼 근본적으로 자연스럽고

"완벽하다고" 보는 견해를 받아들여 본 적이 없습니다.

이제 우리도 알다시피,

인간은 스스로 자신을 덫에 가두려는 존재처럼 보입니다.

뇌의 비위를 맞추려고 하는 것은

입이 아닌 귀로 마시려고 하는 것과 같아요.

day 43

자신의 표면에 난 뾰족한 가시로

주위를 콕콕 찌르는 지적인 고슴도치가 되지 마세요.

서두르기와 미루기는

둘 다 현재에 저항한다는 점에서 똑같죠.

악이 없는 선은

내리막이 없는 오르막과 같아요.

음악을 이해하려면 음악을 들어야 합니다.

"난 지금 이 음악을 듣고 있어"라고 생각하며 듣는 한,

당신은 음악을 듣고 있는 게 아니에요.

_____

_____

_____

_____

_____

_____

_____

나는 항상 인간은 자신이 상상할 수 있는

사고 체계를 넘어선 존재임을 알아차려야 하며,

자신에게 그 어떤 꼬리표도 붙여선 안 된다고 생각해요.

자신에게 그렇게 꼬리표를 붙이는 것은

자신을 비하하는 거예요.

day 48

정신을 물질과 분리하면 안 되듯,

경이로움 또한 일상과 분리해선 안 됩니다.

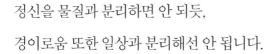

_____

_____

_____

_____

_____

_____

_____

아무리 금화로 가득 찬 상자나 지폐로 빵빵한 지갑이라도

재난을 만나 홀로 뗏목을 타고 표류하는 선원에게는

아무 쓸모가 없어요.

권위에 대한 존경은 오직 권위, 그 자체가

진심으로 존경할 만한 가치가 있을 때만 우러나죠.

day 51

'선'은 그 자체에 집중하지 않을 때

전적으로 자유롭게 모든 것에 스며들어요.

그것은 감자 껍질을 벗기고 있는 사람이

신에 대해 생각하는 행위를 영성이라고 착각하지 않아요.

선의 영성이란 그저 감자를 벗기는 행위 그 자체에 있습니다.

day 52

사람들이 고요하고 활짝 열린 마음을 표현할 때

사용하는 말은 주로 부정적인 언어, 즉 무심하다거나,

아무 생각이 없다거나, 생각하지 않는다거나,

머리가 텅 비었다거나, 얼이 빠졌다는 식으로 말합니다.

아마도 이것은 우리 의식이 만성적으로 억압하고 있었던

무의식을 향한 선천적인 공포의 표출일지도 몰라요.

그런 식으로 우리는 삶의 진실을 이해하면서

그럭저럭 살아왔죠.

정치와 경제, 예술, 철학, 종교의 문제들을 풀기 위해

인류가 그간 구했던 해답들을 연구하면 할수록,

재능이 뛰어난 사람들이 헤아릴 수 없고

정리할 수 없는 삶의 물방울이란 진리를 영원히 통하는

해결책으로 포장하려는 불가능하고 덧없는 시도에

그 기발한 재능을 다 써버렸다는 느낌을 받게 됩니다.

두려움에서 도망치는 것이 두려움이요,

고통에 맞서 싸우는 것이 고통이요,

용감하려고 애쓰는 것은 겁을 먹었기 때문이에요.

마음이 고통스럽다고 느낀다면, 그 마음이 고통인 것이죠.

생각하는 사람의 마음속은 생각으로 가득 차 있어서

달리 도망칠 곳이 없어요.

생각하는 사람과 생각은 분리될 수 없다는 점을

깨닫지 않는 한, 당신은 계속 도망치려 할 겁니다.

우리는 역사가 미래에 가야 할 곳을 향해

우리를 이끌어주리라는 희망으로 계속 과거를 되살립니다.

이는 마치 백미러만 보면서 운전하는 것과 같아요.

day 56

완벽하게 혼자 남겨진 사람, 자연의 아름다움을
인간의 얼굴 하나와 맞바꿀 용의가 있는 사람에게
자연의 아름다움이란 그저 황량하고 차갑게 보일 뿐이에요.

행복이 항상 미래에 기대되는 뭔가에 달려 있다면,

우리는 미래가 올 때까지 영원히 우리 손에 잡히지 않는

도깨비불을 쫓고 있는 것이며,

미래가 도착한 그 순간 우리도 사라질 거예요.

성공한다는 것은 항상 실패하는 것이에요.

뭔가에 더 성공할수록, 계속 성공하고자 하는 욕망도

더 커지기 때문이죠. 그런 이들에게 먹는 것이란

다시 굶주리기 위해 살아남는 것과 같습니다.

"나는 걷는다"라고 생각하는 대신

"여기에 걸음이 있다"라고 생각해보세요.

그러면 마침내 자신을 우주의 다른 부분과

분리되지 않은 일부로 보는 동시에

"나"를 있는 그대로의 완전한 존재로 보게 됩니다.

day 60

인생과 그에 얽힌 신비들을 붙잡으려고 애쓰는 한

결코 인생과 그 신비를 이해할 수 없어요.

그것은 마치 양동이에 강을 담아서 가려는 것과 같죠.

흐르는 강을 양동이에 잡아넣으려 한다면,

그 강을 이해하지 못해 실망하게 될 거예요.

양동이에 들어간 강은 흐르지 않으니까요.

day 61

열반은 자신을 전적으로 통제하는 것이
불가능하다는 것을 완벽하게 깨달을 때
비로소 무심히 자연스럽게 일어납니다.

day 62

항상 제정신인 사람보다 더 위험한 사람은 없어요.

그는 마치 휘어지지 않는 강철 다리와 같고,

그가 영위하는 삶의 질서는 너무나 뻣뻣해서

부러지기 쉽습니다.

영적 각성은 힘겨운 과정이에요.

각성이 일어나면 다 망했다는 생각을

한순간에 다 잘 됐다, 라고 뒤집을 수 있어요.

아니면 거기서 한 걸음 더 나아가 모든 것이 가능한

최선의 상태라는 생각으로 바뀌기도 하고요.

day 64

사랑은 세상을 하나로 조직하고 통합해서
하나의 우주로 만드는 원칙입니다.
사랑은 마음의 정수이자 품성이며,
마음이 완전해질 때 비로소 행동으로 나타납니다.

day 65

내일과 내일을 위한 계획은

당신이 현재라는 현실을 완벽하게 살고 있지 않은 한

아무런 의미가 없습니다.

우리가 살아갈 수 있는 순간은 오직 현재만 있기에.

_____

_____

_____

_____

_____

_____

_____

당신은 이 세상을 찾아온 게 아니에요.

당신은 마치 바다에 이는 물결처럼

이 세상에서 흘러나왔어요.

당신은 이곳에서 이방인이 아닙니다.

day 67

살아 있는 육체란 고정된 것이 아니라

불꽃이나 소용돌이처럼 거침없이 이어지는 사건입니다.

두뇌를 신뢰할 수 없다면,

이성도 신뢰할 수 없어요.

끊임없이 저편을 바라본다는 것은

지금 여기를 보지 못하고 있다는 것이죠.

day 70

인스턴트커피는……

어서 빨리 미래에 도달하려는 조급함에 어울리는 벌입니다.

116

세상의 불안정함과 유한성이야말로

그것이 뿜어내는 활기와 아름다움의 본질이죠.

day 72

무엇이 진리가 아닌지를 아는 것은

종종 무엇이 진리인지 아는 것만큼이나 중요해요.

day 73

죽음은 우리 모두 태어나기 전에 살았던
미지의 세계입니다.

_____

_____

_____

_____

_____

_____

_____

day 74

목표나 목적으로만 가득 찬 삶은

바나나의 양쪽 끝 두 조각만 먹음으로써

허기를 달래보려고 하는 삶과 같아요.

자신에게 전해지는 것을 없애려면

기억 대신 망각을 발달시켜야 해요.

어떻게 사랑할지는 문제가 되지 않습니다.

우리는 사랑하고, 우리는 사랑이기에.

유일한 문제는 그 사랑의 방향이에요.

햇빛처럼 밖으로 쭉쭉 뻗어나갈 것인가,

아니면 방향을 틀어서 다시 자신에게 돌아오려고 할 것인가.

우리는 자신이 내린 결정에 따른

우리의 행동이 자발적이라고 느끼고,

그런 결정 없이 일어난 일은 본의가 아니었다고 느낍니다.

하지만 결정 자체가 자발적이라면,

모든 결정이 일어나기 전에

그것을 결정하고자 하는 의지가 있어야 할 겁니다.

이런 식으로 꼬리에 꼬리를 무는 회귀가 일어나지만,

현실에선 다행스럽게 그런 일은 일어나지 않죠.

우리가 뭘 원하는지 결단을 내려도,

사실 거기에는 현실적이고 기술적인 문제들이 남아 있어요.

하지만 그렇게 결단을 내리기 전까지는

그 문제에 대해 논의하는 것은 아무 의미 없는 짓입니다.

공의 움직임을 완벽히 통제하려고 공을 쥐고 있는 한,

공을 던질 수 없어요.

day 80

삶의 비밀은

대부분 웃는 법과 숨 쉬는 법을 아는 것으로

이루어져 있어요.

우리는 이 "세상으로 들어온 것이" 아니에요.

우리는 마치 나무에서 자라나는 잎처럼,

이 세상에서 나왔지요.

바다에서 "파도가 치는 것처럼",

우주에는 "사람들이 있어요."

각각의 개인은 자연의 표현이자,

온 우주의 특별한 활동입니다.

불안과 정면으로 마주한다 해도

여전히 불안을 이해할 수 없어요.

불안을 이해하려면 불안을 마주할 것이 아니라

불안 그 자체가 되어야 합니다.

마음과 행동이 따로 노는 사람, 그러니까 어느 한쪽이

다른 쪽이 하는 일에 간섭하고, 통제하고, 비난하거나,

경탄하기 위해 한쪽으로 비켜서 있는 사람에게선

깨진 종소리와 같은 소리가 나요.

인생에서 느끼는 크나큰 기쁨 중 하나는

자신을 의식하지 않은 채 흥미로운 광경, 소리, 장소,

사람들에 푹 빠져있는 거예요.

반대로 인생에서 느끼는 크나큰 고통 중 하나는

자의식에 가득 차, 그 어떤 것에도 몰두하지 못한 채

자신이 속한 공동체와 자신을 둘러싼 세계로부터

단절되는 것이죠.

아이 같은 순진함이나 꾸밈없는 소박함은

현인과 마찬가지로 예술가의 이상이기도 해요.

그래야만 그 어떤 가식의 흔적도 없이,

두 개의 마음으로 예술 작품을 만들거나

현명한 삶을 살아갈 수 있기 때문이에요.

자의식은 술을 너무 많이 마셨을 때처럼,

우리를 두 개로 보이게 만들고,

우리는 그 두 개의 이미지를 두 개의 자아로 만들죠.

정신적인 자아와 물질적인 자아,

통제하고 통제받는 자아,

반사적인 자아와 즉흥적인 자아로.

그래서 우리는 실제로 고통받는 대신

고통에 대해 고통스러워하고, 고통받는 것에 대한 고통을

상상하며 고통스러워합니다.

진정한 유머가 자신을 보며 웃는 것처럼,

진정한 인간애란 자신을 아는 것이에요.

현재에 기반을 둔 현실 말고 다른 현실은 없어요.

그러니 영원히 산다 해도, 미래를 위해 사는 것은

삶의 본질을 영원히 놓치고 산다는 뜻입니다.

음식을 맛보는 것으로 만족하지 못한 나는

또한 내 혀를 맛보려고 애쓰죠.

행복을 느끼는 데 만족하지 못한 나는

나 자신이 행복을 느끼는 걸 느끼길 원합니다.

그 어떤 것도 절대 놓치지 않기 위해서요.

고통이란 문제의 해답은

문제에서 멀어지는 데 있는 것이 아니라

그 안에 들어 있어요.

피할 수 없는 고통은 감각을 무디게 해서 접하는 게 아니라

오히려 감각을 키워서 한껏 탐험하고,

자연의 유기체가 반응하는 방식대로 그걸 느껴보고,

그 유기체의 선천적인 지혜가 일러준 방식대로 만나야 해요.

145

나는 식물들이 인간보다 훨씬 더 총명하고, 더 아름다우며,

더 평화롭고, 좀 더 기발한 방식으로 번식하고,

자신의 환경에서 좀 더 편안하게 지내며,

좀 더 민감하다는 논거를 강력하게 제시할 수 있어요.

왜냐고요? 우리는 신의 상징으로 자신을 떠올리게 만드는

인간의 얼굴 대신 꽃의 형상을 사용하지 않나요.

힌두교와 불교의 만다라가 그렇고, 황금빛 연꽃이 그렇고,

단테가 보는 천국에 나온 신비로운 장미가 그렇지 않나요.

살아 움직이는 별의 심장보다 더 강렬하게

우리에게 별을 일깨워주는 상징도 없지 않나요.

오직 이 순간만 있습니다.

이것은 그 어디에서도 비롯되지 않았고,

그 어디에도 가지 않아요.

이 순간은 영원하지 않지만 덧없는 것이 아닙니다.

이 순간은 움직이면서도 언제나 그 자리에 있어요.

이것을 잡으려 하면 도망치는 것처럼 보이지만,

이것은 항상 여기 있고 여기서 도망칠 길은 없죠.

우리가 돌아서서 이 순간을 알게 된 자신을 발견할 때,

그것은 과거처럼 사라져버렸음을 깨닫게 됩니다.

day 93

침묵한다는 건 말을 잃어버린다는 의미가 아니에요.

오히려 그 반대로 침묵을 통해서만 우리는

이야기할 만한 가치가 있는 새로운 뭔가를 찾아낼 수 있어요.

이것-즉각적이고 일상적인 현재의 경험-이 전부입니다.

이것이야말로 우주가 존재하는

전적이고 결정적인 본질입니다.

독창적으로 행동하거나 성장하기 위해

우리는 반드시 우리가 있는 그 자리에서 시작해야 해요.

하지만 그 어떤 의심이나 후회 없이 "여기에 전적으로"

존재하지 않는 한 시작조차 할 수 없어요.

자기 수용이 부족한 우리는

언제나 시작부터 스스로와 불화하며,

언제나 우리가 발을 디디고 선 땅을 의심하고,

언제나 분열된 자아를 지니고 있어

결코 온 마음을 다해 행동할 수 없지요.

사람이 자신에 대해 알면 알수록,

자신의 본성이 어떠하다고 규정하고,

그래서 자신이 어떤 감정을 느낄 거라고

주장하기를 주저할 것이며,

그보다는 전혀 예상치 못한 방식으로 느낄 수 있는

자신의 능력에 더 놀라게 될 거예요.

마지막 화음에 이르기 위해

소나타를 연주하는 사람은 없어요.

모든 의미가 오직 결말에만 달려 있다면,

작곡가들은 피날레만 쓸 겁니다.

day 98

우리가 어떤 사람인지는 타인이 가르쳐줘요.

우리를 대하는 그들의 태도가 거울이 되고,

그 거울에서 우리는 자신의 모습을 보게 되죠.

하지만 그 거울은 왜곡되어 있어요.

day 99

인간의 욕망은 만족을 모르는 경향이 있죠.

인간은 쾌락을 너무나 열망하는 나머지

아무리 가져도 결코 만족을 몰라요.

day 100

가치 있는 일은 위험을 감수해야

이룰 수 있는 법이에요.

day 101

내 의식 외에 다른 자아는 없어요.

_____

_____

_____

_____

_____

_____

_____

우리는 쾌락을 기대하고 그것을 서둘러 맞이하면서

굉장한 짜릿함을 느낍니다.

하지만 막상 그것이 왔을 때는 속도를 줄여 즐기지 못하죠.

day 103

믿음이 없다면 자신에 대한 불신마저도 믿지 못해요.

이런 근본적인 신뢰 체계가 내면에 갖춰져 있지 않다면,

인간은 철저하게 무기력해지게 됩니다.

신비로움이 없는 세계는 익숙해서

오히려 경멸하게 되죠.

당신 자신을 규정하려고 하는 것은

당신의 이를 깨무는 것과 같아요.

_____

_____

_____

_____

_____

_____

더는 타인이 규정한 자신과 자신의 본질을

혼동하지 않아야 바로 보편적이면서도

유일한 존재가 되는 거예요.

갈수록 그 사이를 오가는 여정 없이

목적지들로만 이루어져 가는 세계,

최대한 빨리 그저 "어딘가로 가는" 데만

가치를 두는 세계는 알맹이가 없는 세계랍니다.

사람은 어디든 갈 수 있고, 모든 곳을 갈 수 있는데,

이런 일이 가능해질수록,

어디든 가야 할 가치가 줄어들기 때문이죠.

day 108

인간은 결핍이라는 감정의 자극을 받아 일어난 행동은

그 독창성에 한계가 있을 거란 생각을 하지 못하는 것 같아요.

결핍에서 비롯된 행동은 충만함보다는 공허를,

힘보다는 갈망을 표현할 거예요.

오직 현재만 있을 뿐 거기서 살지 못하면,

그 어느 곳에서도 살 수 없어요.

자유롭지 않다는 감각은 불가능하고

의미도 없는 일을 하려고 할 때 느끼게 됩니다.

우리는 "자유롭게" 사각형의 동그라미를 그리거나,

머리 없이 살거나, 특정한 반사작용 없이

행동을 멈출 수 없어요.

이들은 자유를 가로막는 장애물이 아니라

자유롭게 활동할 수 있는 토대입니다.

나에겐 사각형의 동그라미를 그릴 수 있는 자유가 없어요.

나는 다행스럽게도 밖에 나가면서

내 머리를 집에 두고 갈 자유가 없지요.

마찬가지로 나는 이 순간이 아닌 다른 순간에 살거나,

내 감정에서 나 자신을 분리할 자유도 없어요.

우리는 좀처럼 깨닫지 못하죠……

우리의 가장 내밀한 생각과 감정이

사실은 우리 것이 아니란 점을요.

그것은 우리가 만들어낸 것이 아니라

우리 사회가 준 언어와 이미지를 토대로 한 생각과 감정이기에.

입과 혀의 근육을 아무리 열심히 써도 음식을

더 정확하게 맛볼 수는 없죠.

눈과 혀가 알아서 그 일을 하도록 믿고 맡기세요.

day 113

대개 우리는 뭔가를 보기보다는

못 보고 지나치며 살아갑니다.

_____

_____

_____

_____

_____

_____

오직 이 순간만 있을 뿐

1판 1쇄 인쇄 2023년 2월 13일 ㅣ **1판 1쇄 발행** 2023년 3월 2일

지은이 앨런 와츠
옮긴이 박산호

발행인 신수경
책임편집 신수경
디자인 디자인 봄에
마케팅 용상철 ㅣ **제작·인쇄** 도담프린팅 ㅣ **종이** 아이피피
발행처 드림셀러
출판등록 2021년 6월 2일(제2021-000048호)
주소 서울 관악구 남부순환로 1808, 615호 (우편번호 08787)
전화 02-878-6661 ㅣ **팩스** 0303-3444-6665
이메일 dreamseller73@naver.com ㅣ **인스타그램** dreamseller_book
블로그 blog.naver.com/dreamseller73

ISBN 979-11-92788-01-2 (03190)

※ **드림셀러는 당신의 꿈을 응원합니다.**
   드림셀러는 여러분의 원고 투고와 책에 대한 아이디어를 기다립니다.
   주저하지 마시고 언제든지 이메일(dreamseller73@naver.com)로 보내주세요.